이 개봉

노끈

애지시선 041

노끈

2012년 4월 10일 초판 1쇄 발행

지은이 이성목
펴낸이 윤영진
편 집 함순례
디자인 함광일 이경훈
홍 보 한천규
펴낸곳 도서출판 애지
등록 제 2005-5호
주소 300-170 대전광역시 동구 삼성동 125-2 4층
전화 042 637 9942
팩스 042 635 9941
전자우편 ejiweb@hanmail.net

ⓒ이성목 2012
ISBN 978-89-92219-35-8 03810

* 저자와의 협의에 의해 인지를 생략합니다
* 이 책 내용의 전부 또는 일부를 재사용하려면 저자와 애지 양측의 동의를 받아야 합니다

예지시선 041

노끈

이성목 시집

□ 시인의 말

  단수 예고가 있던 늦은 밤, 범고래 한 마리 수도꼭지에 입을 들이대고 등으로 세찬 물소리를 뿜어 올립니다. 꾸륵 꾸륵 싫은 소리를 내며 개수대에서 물이 내려갑니다. 아무래도 나는 반골이거나 불평불만분자인 것 같습니다. 삶이 고단하게 틀어막았을 마개를 기어이 뽑아 낸 것이 틀림없습니다. 그렇지 않고서야 그 작은 구멍 속으로 어떻게 고래가 쑥 빨려 들어갔을까요.

  후회는 한 시절 늦고 반성은 뜨뜻미지근하여 나는 아직도 철이 들지 않았습니다.

2012년 봄
이성목

차례

시인의 말　005

제1부

봄눈　013
자반고등어　014
골목이라 부르는 저녁　016
플라스틱 트리　018
노끈　019
풀어 다시 짤 수 없는 옷　020
그늘 속　022
길 밖의 모텔　024
폐가, 대통밥집 고양이　026
탈색　028
첫눈　029
청성淸聲자진한잎　030
한지에 수묵　031

화선지에 수묵담채 032
그 저녁의 흐느낌처럼 034

제2부
휴머노이드 039
다우너 040
새 김꾼 042
완창 044
관솔옹이傳 046
월동 048
낡은 구두를 신은 기간요원 050
민오름 사진 052
옛길 054
불편한 죽음 055
아이스 카빙 056
사글세 들다 058
민들레 060
오래된 종소리 062
스캔들 064
종이 재생 공장에서 066

제3부

토담이 무너지는 동안　069
마당을 길러낸 집　070
이제 꽃피면 안 되겠다　072
노란 주전자　074
겨우살이　076
성묘　078
당신의 수하　079
발굴　080
무인판매상점에서　082
무화과를 먹는 저녁　084
못에 옷을 걸었다　086
뼈다귀해장국에 대하여　088
땅끝에서는 맞잡을 손이 필요해요　090
사십 년도 더 된 가구　092

제4부

태풍　095
한낮의 그림자　096
나무 밑동　097

고백	098
저 구석에 노을이	099
홀로 싸우다	100
가족	102
머리가 있는 토르소	104
고무지우개, 화이트 그리고 Del키	106
문장	108
지삿개를 말하다	110
옹알이	113
발문 | 박제영	115

제1부

봄눈

  온다 문득 사라질 것들이 온다 이마에 이마를 부딪치며 눈시울 뜨겁게 온다 여러 목숨이 한 몸을 부리러 온다 새와 구름에 쓸모를 다한 허공을 빌려서
  온다 처음인 듯 온다 아무것도 아니게
  온다 나에게 온다 와서 더러워지려고 온다 더러운 나를 덮어주려고 온다 소용없는 일로 온다

  몸을 받아서 뉘이며 나직하게 물어보면 안 되나
  이제 다 버렸는가 내 공중이었던 사람

자반고등어

오래 소장하고 싶다면
이 책은 표지만 읽어야 한다
첫 쪽을 쓰다가 고스란히 백지로 남겨둔
이 육신을 눈으로만 읽어야 한다
이면과 내지가 한 몸인 그를
몇 장 넘겨보기도 했지만
뒤집을 때마다 생살 타는 냄새가 나는
이 책은 너무 오래 읽어서는 안 된다
그 기록은 물로 쓰고 소금으로 새겨져서
팍팍하고 짤 뿐만 아니라 비릿한
등 푸른 언어와 유선형 문장은 쉽게 타버린다
쉽게 부서지고 쉽게 헤져서
가시와 살점이 지글지글 뿜어내는 푸른 바다와
바다의 내밀한 구전을 다 읽지 못하게 된다
슬쩍 넘기다 우연히 본
온몸 빼곡히 쌓아둔 흰 종이들
그를 읽을 때는 그 백지마저 조심스레

젓가락으로 한장 한장 넘겨 보아야한다
육신을 제본했던 스테이플러 같은 가시가
목구멍에 컥 걸리기도 하는
난해한 이 책은
붉은 헛바닥으로 받들어 읽어야 한다

골목이라 부르는 저녁

막다른 곳으로 그들이 온다
머리채 질질 끌듯 저녁이 온다
끌고 온 그림자 지그시 밟아 숨을 끊어버리는
그곳에 폭설이 내려 모든 행적을 지운다
입구와 출구를 봉하는 이 저녁을 골목이라 부른다
내장을 통째 쏟아버린 깡통들이
떼 지어 녹슨 지느러미를 흔들며 가라앉는다
이따금 심해의 푸른 환청이 철벅철벅 걸어간다
언 살을 갉아댄 생쥐의 발자국
서릿발처럼 바닥에 쩍 달라붙는다
쥐를 불러낸 허기는 이미 사람의 것이 아니다
철컥철컥 철문에 봉인을 찍는 바람소리,
긴 혀를 꺼내어 서로의 뒤를 핥아주던
연탄불 지그시 밟아 치지직, 남은 숨을 마저 끊는
이 폭설은 내가 하려했던 증언이 아니다
구석으로 몰아세우고 눈발을 난사하는 가로등처럼
다 하지 못한 말을 품고 으르렁거리는 개처럼

어둠과 복면이 맞닥뜨리는 이 저녁을 골목이라 부른다
모퉁이를 휙 돌던 바람의 입이 틀어 막히고 있다

플라스틱 트리

나무 엉덩이에 전기 플러그를 꽂아 거실에 세운다
문득, 생각났다는 듯 꽃잎 켜지는 걸 바라본다
창틀 어긋나 벌어진 틈으로 찬바람 들어
꽃술이 필라멘트처럼 발갛게 얼었다
오늘은 성자가 태어나는 밤
말구유에 아기를 버리고 돌아온 여자의
닫힌 방문은 오랜 시간 안으로 잠겨있다
이 허허벌판에 카시미론 솜눈을 내려야겠다
폭설이 내린 거실은 이글루처럼 따뜻해지리라
나는 곱은 손을 비벼 나무의 품 안에 넣는다
사라진 밑동의 따스함이 손바닥에 번지고
날 낳느라 아래를 다 써버린 내 어미처럼
빈 자궁도 쓸고 닦으니 백열등처럼 빛난다
텅 빈 거실 구석에서 아기 전나무 그림자가
닫힌 여자의 방문 앞까지 아장아장 기어간다
창밖으로는, 죽은 나귀 울음소리가 공중에 가득하다
나무는 뿌리 없는 비애로도 푸르다

노끈

마당을 쓸자 빗자루 끝에서 끈이 풀렸다
그대를 생각하면 마음의 갈래가 많았다
생각을 하나로 묶어 헛간에 세워두었던 때도 있었다
마당을 다 쓸고도 빗자루에 자꾸 손이 갔다
어쩔 수 없는 일이었지만, 마른 꽃대를 볕 아래 놓으니
마지막 눈송이가 열린 창문으로 날아들어
남은 향기를 품고 사라지는 걸 보았다
몸을 묶었으나 함께 살지는 못했다
쩡쩡 얼어붙었던 물소리가 저수지를 떠나고 있었다
묶었던 것을 스르르 풀고 멀리서 개울이 흘러갔다

풀어 다시 짤 수 없는 옷

저, 몸을 함께 짜 맞춘 아비와 어미도
올 하나 풀어내지 못하였다
그는 매듭을 가졌다 몸속에 질긴
생이 올가미처럼 묶인 스무 살이었다
의사는 눈동자에 고인 검은 호수를 들여다보거나
일렁이는 수면에 청진기를 대 볼 뿐이었다
어미가 앞섶을 열어 헤쳐 꺼낸
돌덩이 같은 실뭉당이 하나
아비는 실을 풀어주고 어미는 다시 옷을 짰다
손 댈 수 없어 눈짐작만으로 짰다
시간이 없다 아파서 뒤틀리는 그에게
너무 성글어 축 늘어진 저 작은 그물로
고통에 파닥거리는 육체를 건져 올릴 수 있을 것인가
어느 때는 헐렁하고 또 어떤 날은
바늘조차 꽂을 수 없이 촘촘한 혈관들
활활 풀어 새 옷을 짜지 못했다
풀어 다시 지을 수 없어 매듭을 잘랐다

모든 어미는 매듭 하나 없는 실몽당이를 품고 있다
실몽당이가 마구 가슴을 주먹질해대는
밤이면 몰래 그걸 꺼내 아비와 함께 옷을 짠다
깜깜한 어둠 속에서 눈짐작만으로 짠 옷이
엉키거나 올이 나가도
그 옷을 풀어 다시 짜지는 못한다

그늘 속

 나이 마흔이 힘에 부친다고, 이백 근이 넘는 덩치와 옻 닭을 먹으러 갔다. 먼저 온 몇은 벌써 벌겋게 낮술에 취해, 저녁 해처럼 골아 떨어졌다.

 코고는 소리가 빈 뼈를 두드렸다. 독하기가 사람만한 것이 있겠냐. 덩치는, 제 마누라를 뱃속에 쟁여 넣은, 혼자된 친구를 흔들어 깨우고, 옻이 올라 벌겋게 부푼 얼굴을 쓰다듬으며, 독을 가졌으니, 너는 이제 죽을 수도 없지. 술을 따르고

 나는 슬며시 방을 나와 검은 숲에 마주서서 알약을 삼켰다. 이제 내 속은 어떤 불길에도 휩싸이지 않을 것이다. 환청에 귀를 잃은 바람이 독사가 벗어 놓은 허물을 핥아 먹다 숲속으로 사라졌다.

 독이 올라, 뱀 같은 머리를 꼿꼿하게 세웠을 친구, 온몸 벌겋게 오른 옻을 씻으러, 허물은 몇 번이나 벗었을까. 혼

자서는 불길 다스릴 수 없어, 여기 친구들 무릎 근처 이백 근이 넘는 그늘을 파고들어 벌겋게 누워 있었다.

길 밖의 모텔

모래로 만든 사람이 찾아왔습니다
툭 불거진 무릎 사이로 모래를 쏟아 내리며
푸른 신기루를 휘감고 서 있던
그는 낙타 등을 훔친 곱추였습니다
월아천 맑고 찬 울음을 둥근 등에 숨겨 와
내 몸에 철철 퍼 담고는 스스로 사막이 된 사람
밤새 곁에 누워 귓속에 모래바람을 불어넣고
해뜨기 전 명사산 언덕길을 나서는데
잡을까 말까 궁리만 하다가
모래울음 쏟아진 방바닥을
종일 쓸어낸 날이 있었습니다
그게 영 꿈만은 아니었던 것이
입안에 모래알 서걱거려 곡기마저 끊고
낙타 발자국 한 자루 짊어진 채
그 사람 바깥을 참 오래 따라다녔습니다
눈썹 위에 모래가 쌓여 걷지도 못하던
어느 생, 눈 깜빡할 사이

손에 쥔 마음이 모래처럼 다 빠져나간 뒤였습니다

폐가, 대통밥집 고양이

 당신은 입속에 하얀 송곳니를 숨기고 오셨지요 칼바람 끝 장작을 쪼개는 동안 아궁이에 표창처럼 꽂히는 진눈깨비 보아요 그걸 당신 가슴에 꽂으면 검은 숯가루 부서져 날리며 속치마 같은 얇은 밤이 오는 것을 보아요

 목숨은 제가 가진 허기만큼 서로를 먹어 치우는 것이에요 당신은 이 풍습에 길들여지지 않아서 헛기침에 화들짝 상을 엎지만 불은 이미 장작처럼 딱딱해지고 흰 눈 수북하게 쌓일 가마솥 바닥에는 결코 더운 김 오르지 않을 것이에요

 꼬르륵 꼬르륵, 몸이 내는 소리는 비어있는 것들의 속을 마음이 대신 끓어 들려주는 것임을, 허기는 영혼의 존재를 소리로 만나게 하는 것임을 알아요 얼음장 밑 물소리가 그저 물이 내는 소리가 아니듯 몸으로는 가질 수 없는 공중이 있어요

 펄펄 날리는 저 눈송이, 뜸은 어느새 들어 서로가 서로를 먹어치운 것인지 멀리 대숲에서 댓잎들 발톱 곧추 세우는 소리 서걱거리네요 불에 덴 자국이 눈에 선명한 낙

죽을 나누어 가졌으니 겸상을 할까요 우리 말고 누가 또
이 빈집을 쓸고 닦고 한 몸 안쳐 밥을 짓겠나요

탈색

색이 없는 단청 아래 오래 서 있다
색이 사라진 까닭을 스님에게 물어야할까
바람 한 겹만 벗겨도 청동물고기가 살아나고
추녀 끝 파르르 떨리며 공중이 푸른 바다가 되는
내소사 대웅보전 마당에서 나는 비린 아가미를 달고
헙, 헙, 숨이 턱까지 차오르는 육신의 경문을 소리 내어 읽는다
주름이며 결만을 생생하게 그려낸 꽃문살이 문에 가득 떠있는 그곳
꽃은 어느 절정을 채색하다 황망하게 졌을 터
색은 바래어 어디로 갔는가
덜커덩 문을 닫고 뒤를 돌아다보는데
채석강 젖은 책 더미에 불을 지른 노을
다시는 색에 들지 않으려고 꽃무릇 곁
씻은 붓을 세워 둔 채 사그라든다

첫눈

 팔순의 할머니를 아기처럼 무릎에 올려 앉히고 예순의 자원봉사 할머니가 흰밥 한 숟가락 퍼 올려 입에 댄다. 자아, 드세요. 입술만 꼼지락 꼼지락 움직이다 마는 입맛에게 왜 안 드세요? 말하고 한 숟가락 먹어보고, 맛있어요! 말하고 한 숟가락 먹어보고, 귀가 먼저 먹어서 먹을 것을 듣지 못하는 팔순의 할머니 귀를 열어 옳지! 옳지! 한 숟가락 넣어주고 또 떠 넣어주고 예순의 할머니가 어이쿠 벌써 다 드셨네! 앞섶에 묻은 밥알을 툴툴 털어내자 밥상이 어느듯 새하얗다.

청성清聲자진한잎

  바람이 불었다. 밤새 산비알을 쓸던 바람은 날이 밝자 가뭇없이 사라지고 있었다.

  바람은 덧없다. 들어앉을 몸을 얻으려고 산죽을 바닥까지 휘어놓고도, 들어앉는 삶을 건디지 못하고 떠난다. 깊은 잠 속의 흐느낌처럼 소리로만 육체를 드러낸다.

  당신은 시김새 없이도 한 생을 이루었다. 저 바람처럼, 어쩌면 몸 없이 회오리치는 것이 생일지 모른다. 하지만 당신은 소리로 인해 일어서고 드높아진 영마루 같다.

  바람이 누웠다. 소리로 와서 소리 없이 사라질 줄 아는, 높새바람이었다.

한지에 수묵

 봄비 슴슴한 날이다. 젖은 땅에 산그늘 번져들더라. 어느 여백에 들까 궁리도 끝나지 않은 사이, 눈물 한 방울 떨어뜨렸으니 어찌겠는가.

 맑은 밤이 오는 것이더라. 어둑한 마당에 흰 꽃잎 날고, 빛들이 고요히 눈물에 닿아 번져가더라. 너무 멀리 번져가서 마음 희미해졌으니 어찌겠는가.

 날이 가니 색이 멀어지던가. 생살 붉은 저녁의 별리도, 아침이면 붓끝에 묻어나지 않는다. 색을 버리고도 못 버린 몸이, 몸에 겹쳐 파묵이 되고 다른 몸으로 번져 발묵이 되는 것을 어찌겠는가.

 백발이 성성한 날 기다려지더라. 한없이 늙고 늙은 끝, 당신의 여백으로 스며드는 나를 맞이하고 싶더라. 있고 없는 것이, 들고 나는 것이 모두 세상의 한 폭인 것을 어찌겠는가.

화선지에 수묵담채

 산을 바라보다가, 몸에 고요하게 저를 포개는 바람을 보았습니다. 바람이 산에 스미어 번져가는 수묵의 능선, 구름 요와 하늘 홑청 눈부신 진경산수에 우리가 훌훌 벗고 물소리 바람소리 환해질 여백을 어루더듬으니,

 묵은 가마터에 불 지펴 갓 구워낸 백목련 하얀 종지마다, 바람꽃 양지꽃 겨우내 색을 걸러 고운 안료 소복하게 빻아두었습니다. 개울가 능수버들 찬물에 마른 붓을 씻어 건집니다. 평생을 채색할 밑그림 한 장 우리 몸을 섞어 그릴 것이니,

 바람이 바람 아닌 것을 흔들어 바람인 것을 보여주듯이, 당신도 당신 아닌 나를 일깨워 당신을 알게 하는 것이라,

 볕에 덴 그늘 가만히 벗겨 손부채로 식혀내는 나비의 시간, 막 피어난 꽃잎 핏물 젖은 음순처럼 붉어 긴 혀를 꺼

내 들고도 일획을 긋지 못하였으나, 화선지를 곁에 둔 봄날이 색을 칠하는 일로 애틋합니다.

그 저녁의 흐느낌처럼

어둠에 등을 대고 부음을 듣는다
목덜미를 스쳐 어깨를 넘어가는
울음은 주름살 사이에 고여도 깊다
그렇게 떠날 것은 무엇인가
기별을 꽃처럼 전할 것은 무엇인가
맺혔다가 풀리고
풀려서 수런거리는 강물이
한 몸을 받아 철렁 내려앉은 봄날
낮고 아득한 흔들림에 귀 기울이는데
꽃잎 한 장 이마를 짚는다
그 찬 손에 화들짝 깨어나면
얼굴 가득 번지는 열꽃
붉게 피었다 져도 나에게는
아직 오지 않은 사람이 있는 듯도 하건만
사는 일이 이렇게
어둑해 질 것은 또 무엇인가
당신에게 살을 섞어도 모를

나는 누구냐고 자꾸 되물으며 여자가
아이를 지우고 돌아온
그 저녁의 흐느낌처럼
아파서 손 댈 수도 없는
멍이 배에 가득 번지는 것처럼

제2부

휴머노이드

 과거의 한 기록에는, 평생 눈을 감지 않거나 한쪽 눈을 번갈아 뜨고 감는 혹독한 형벌을 공장에서 생산했던 때가 있었다. 앉았다 일어섰다 걷다가 멈추어 서서 알러뷰 알러뷰만 종알대며 배터리가 나갈 때까지 생을 무한반복 했던 때도 있었다.

 이제 나는, 내 등 뒤에 리셋 스위치를 눌러 자주 몸을 끈다. 다시 눈을 뜰 땐 나를 걸쳐 입고 황급하게 출근할 뿐, 내가 사람인지 아닌지 그런 고민은 없다.

다우너

 도축장으로 끌려가는 소가 뒷다리의 힘을 풀고 주저앉는다. 인부는 전기 창으로 소를 찔러 일으켜 세우지만 이내 다시 주저앉는다. 오물 진창에 드러누워 다리를 버둥거리는 소를 지게차로 들어 일으켜 세우지만 또 주저앉는다. 일어서야 한다 일어서야 한다 인부는 필사적으로 소를, 살아서 죽음을 향해 걸어가게 한다.

 얼마 전 새로 산 구두는 천연소가죽인데도 뒤축이 자주 무너진다. 주저앉은 굽을 뽑고 새 징을 박아 구두를 일으켜 세운다. 일어서야 한다 일어서야 한다 나는 먹고 또 살아야하므로, 필사적으로 구두를 걷게 한다.

 청계광장에, 촛불을 하나씩 받들고 주저앉은, 어린 소는 이제 막 이마에 뿔이 나기 시작했다. 소가 뿔로 땅을 밀고 스스로 끙 일어서기를 기다려 주지 않는다.

 우리는 모두, 고요하게 엎드려 짙푸른 생을 되새김질하

며 늙어 갈 시간이 없다.

새김꾼

 사내가 피 묻은 손을 씻는다. 움켜쥐었던 비명을 세숫대야에 풀어 놓는다. 울음이 액체라는 걸, 사내는 누구에게도 말하지 않는다. 선지가 출렁출렁 넘친다.

 아내는 시래기를 풀어 치댄다. 까칠한 이파리가 손바닥에 돋는다. 한 줌 움켜쥐었던 울음을 뚝배기에 풀어 넣는다. 부르르 끓어오르며 선지를 빨아 마신 시래기가 혈색 좋게 살아난다.

 뼈와 살은 한사코 떨어지지 않으려한다.

 가족들은 서로 뜨겁다. 뼈 없는 늦둥이도 사내가 벼른 칼날 위를 파릇파릇 기어 다니지만, 생의 딱딱한 뼈마디를 발라낸, 사내가 얼굴 없는 칼잡이라는 것을 알지 못한다.

 모든 육체는 목숨을 가지고 태어나는 것이 아니라, 시

간을 품고 태어나는 것이다. 몸에서 시간이 비곗덩어리처럼 분리되는 아버지 임종을 지킨 다음, 사내는 시간의 심복이 되었다.

사내는 칼날에 혀를 대보지만, 아직 그의 손은 너무 비리다. 손바닥 칼자국을 비집고 식솔들이 새파랗게 돋아나서, 촉촉하게 피에 젖어서, 마음의 비린내는 몸을 떠나지 않는다.

완창

후학이 없어 문을 닫은 전수관
느티나무 밑동은 움푹하다
거기 가장 어두운 곳은 소리의 생가
철거반 먹구름떼 마지막 흙비를 다 쏟고 간 다음
여름날의 뙤약볕은 누구에게나 가혹한 법이다
어쩔 수 없는 것을 문하라 여겼는지
펼쳐두었던 그늘이 볕에 말라 오그라들도록
거두어들이지 않는 고집을 보아라
스승은 저렇게 미동도 없이 서 있을 줄 알아야 한다
아무것도 가르치지 않을 수 있어야 한다
여우비 반짝 불러들인 싸라기 볕으로도
장수하늘소를 배출한 시절이 있었으니
필답고사로는 구름과 바람의 기미에 답할 수 없는 것
생가지 휘어내려 땅을 짚으려하지만
느티나무에게는 한걸음 물러설 발이 없다
백년 무거운 몸을 꺾어 쿵, 소리를 닫을 때
그 침묵의 전수자가 되려했다는 듯

우리는 모두
저녁 어스름 가득한 말문을 닫았다

관솔옹이傳

  그 어린 것은, 몸이 눈망울이며 눈망울이 전부인
  짐승이었다 쫓기던 무리가 올무에 걸려 숲이 퍼덕거리던
  절명의 순간 눈망울은 나무 속으로 뛰어들었다
  나무는 제 몸으로 뛰어든 것을 필사적으로 끌어안았다
  몸 안에 소용돌이가 없었다면 관계란 얼마나 뻔한 것이었을까
  나무 안에서 깊이를 알 수 없는 파문이 일고 허리가 뒤틀렸다
  어찌할까, 이제 몸의 일들을 무엇으로 다 겪어 내야할까
  아무도 뛰어들지 않았고 누구도 안아본 적 없었던 소나무에게
  짐승의 눈망울은 두렵고도 두근거리는 금기,
  목덜미 털을 세워 짐승처럼 으르렁거렸다
  짐승을 품은, 몸은 휘어지고 털이 다 뽑혀나갔지만
  거세게 앞발을 치켜드는 나무는
  둥글게 등을 구부려 추켜세운 곱사 자세를 풀지 않았다

붉은 핏발이 돋은 눈망울은 안에서 밖으로 울고
울음에 애가 타는 나무는 껍질이 부르텄다
감을 수 없는 크고 둥근 눈망울에서
짐승의 울음이 관솔불처럼 타오르기 시작했다

월동

 폭설이다. 가을부터 된바람 깐깐하다 싶더니, 엄동에 백곡이 키를 넘을 듯하다. 골목은 쓸어낼 엄두도 못 낸다.
 자물통은 녹물에 붉게 열중한다. 겨우 냄새나 먼지 따위를 폴폴 허락할 뿐, 곳간 문짝에 크레바스가 생기는 것도 이 섣달의 일이다.
 다람쥐 뺨 주머니는 도토리가 동이 났다. 나무들의 뒤주에서 씨눈까지 내다팔아 연명이 걱정인데, 어찌할까. 양식 구하러 나간 아지랑이 삼형제는 돌아오지 않는다. 빈집 울타리에 헛것처럼 눈꽃이 피었다 진다.
 팔뚝만 한 고드름이 처마 끝에 주렁주렁하여도, 영양이 부실한 햇살은, 저걸 내다 팔 장날조차 정하지 못하였으니
 늦게는 사월까지, 밀거래를 트기 위하여 괴나리봇짐 보부상들이 연두색 엽전을 짤랑거리며 설산 아래 구릉지를 오르내릴 것이다.

 죽은 이의 머리카락을 뽑아 묵매를 치는 바깥은, 죽음

을 건넜으니 어디인가. 깎아서 버린 손톱이 손가락을 찾느라 눈이 발갛다.

낡은 구두를 신은 기간요원

속이 좋아 저렇게 산다지만
속이 좋아서가 아니다 그는
속이 좁다 못해 아예 없다
속이 없어 아가리 자주 열린다
몸이 온통 허방이어서
속은 캄캄하고 불결하다
속은 깔창이고 밑창이다
그는 속이 없다
누구나 한 번쯤 바닥에 쿵 내려서리라
밑도 끝도 모를 무엇이
아래턱을 잡아당기는 순간
생은 오로지 앞을 향하여
아가리 쩍 벌리게 했던 것이다
소리 없는 비명을 지르게 했던 것이다
한때 드높은 굽이며 각이 선 날
날렵한 끈조차 이제 없는
저 검은 사내, 겁낼 것 없다

솔기 터진 아가리로는
바짓가랑이 하나 물어뜯지 못한다

민오름 사진

유채꽃 밟으며 사진을 찍다가, 가령
벌거벗은 한 여자가 앵글 속으로 들어왔다고 하자
헤~ 하고 입 벌어지는
봉우리가 희고 둥근 엉덩이처럼 예쁘다 하여
감히 손을 댈 수 있다고 생각하지 마라
몸을 다 허물어서라도
저를 곧추세워 가야하는 곳이 있다면
그곳이 저 여자다
어미였다가 딸이었다가
혼자이다가 여럿이다가
이제는 섬의 은유가 된 여자다
젖가슴 움푹 뭉개졌다하여
오를 절정이 없다고 믿는 자여
정실마을에 몰래 들어 살림을 차려도
한평생 저를 씻고 닦아도
뭍것들의 눈으로는
도무지 볼 수 없는 것이 저 여자의 몸이다

그 가파름이다
찰칵, 눈을 감아야 보이는
저 멀고 희미한 뒤편이다

옛길
— 내가 너를 밟고 고통도 없이 걸어서 갔다.

길이 있었다. 백고산 자락에서 집 마당까지, 구불구불 기어들어, 마당에 똬리를 틀고 한숨 자고 가던 푸서리길. 어느 밤 풋잠에 기대어 내다본 마당에는 뾰족한 이빨을 가진 별들이 생쥐처럼 뛰어다녔다. **누가 수염도 없는 고양이를 풀어놓았나;** 산기슭에 허연 등을 보이며 오르던 자드락길, 옆구리 털이 뽑히고 살이 갉혀 있다. 몇 번이나 허물을 벗었는지 독사처럼 사나워져 있다. **골목을 똑똑 부러뜨려 놓고 다들 어디 갔나;** 모퉁이 돌아서기 무섭게 달려들어 골목을 물어뜯는 낡은 집들, 컹컹컹 울부짖다가 목줄을 세차게 끌어당기며 검은 아가리를 벌리는 빈 집들, 얼마나 오래 물려 버둥거렸는지 길이 올무에 걸려 죽은 고라니 발목 같다.

불편한 죽음

추운 날 땔감으로 쓸까하여
공사장 폐목자재를 얻어다 부렸더니 온통 못투성이다
하필이면 나무에 빠져 죽었을까
죽은 못을 수습하는 동안
나무의 꺼칠한 잔등에 긁힌 자국이 소금쟁이 같다
죽은 것들을 위하여 겹겹의 나이테를 다 퍼낼 수 없어
아궁이 밑불을 뒤적거리며
퉁퉁 불어 저절로 떠오르기를 기다려도 보았지만
바닥은 개흙, 못은 쉽게 떠오르지 않았다
죽음과 침묵 사이엔 얼마나 두터운 합의가 있었을까
나무판자를 덮고 잠들었던 노숙자는
죽은 지 열흘 만에 말라비틀어진 몸을 삶에서 빼냈다
못대가리를 장도리 끝에 걸어 당겼더니
쇳소리를 내며 합판을 빠져나오는
잔뜩 꼬부라져 죽은 못은 죽어서도 쭉 뻗지 못하였다

아이스 카빙

얼음이 녹아 줄줄 흐른다

영하 수십도
얼음 공장에서, 땀을 흘리는 행위야말로
저를 다 녹여 없애는 일
그런 고된 노동을 해보지 못한 나는
한꺼번에 모든 것이 사라지는 극단을 모른다

나잇살이 두터워, 허리에 끌이 박히는
각성 끝에, 올 여름 나도 땀을 많이 흘렸다

누군가 애써 기억해주지 않으면 아예 없는 것처럼
살다간 사람들

그네들은 순간에 사그라지고 쉬이 잊힌다

몸에 불을 확 붙이는, 연회장 얼음 조각을 빙 둘러

삼삼오오 모여드는 사람들에 대하여
나는 마음 불편했지만

자신이 얼마나 뜨거운지를 보여주고
다만, 그는 지금 거기 없다

사글세 들다

구덩이 두 개 파서 거기 심었던
호박 넝쿨이 탱자나무 울타리, 가시 위에 뒤엉켰다
손이 손을 찾아 깍지를 끼고 있다
오갈 데 없어 들었으니 사글세, 옥탑방이 틀림없다
돌려받을 보증금도 없는데
늦둥이 애호박이 한 개, 노란 꽃이 서넛 있다
늙은 호박 한 덩이 바닥에 그냥 두고 온 일 마음에 걸린다
온통 가시뿐인 방에는 들 생각 없어
머뭇하는지 돌아눕다 찔린 곳이 아프다
주인인 듯한, 눈살 찌푸리기 딱 좋은
가을볕이 가시 끝을 갈색으로 다듬어놓고 갔다
전기세 수도료 적힌, 흰 종이구름 한 장
하늘에 펄럭, 유리창에 나붙어 있다
덜컹덜컹 닫으려다 금이 간 유리
선을 따라 길게 밭고랑마다
꾸러미 부려다 놓은, 고구마 넝쿨이 아직 푸르다
추석이 내일 모레, 이곳은 갈 곳 없는 변두리라서

쇠 울타리, 가시 위에 바람의 홑청을 깔고
몇 잠은 더 얽히고설켜야 한다

민들레

길이 소란스러운 시간이었다
노란 꽃이 바닥에 붙어 떨어지지 않았다
억지 아닌 일이 없다는 듯
술 잘 마시고 술값 공손히 내고 나온 주점 앞에서
머리채 쥐어뜯긴 날이 있었다
뒤통수가 바람난 서방을 닮았다고 여자는
뽑은 머리카락을 슬그머니 감췄지만
입에서 툭 튀어 나온 껌을 밟은 나는,
눈을 허옇게 뒤집고, 퉤, 뱉어 버렸을
기둥서방처럼 어깨에 잔뜩 힘을 주고
길가 화단에 앉아 신발을 벗어 바닥에 문질렀다
겉으론 멀쩡해도 세상모르는 고약한 성질머리 있어
봄날도 퉤, 퉤, 뱉어버리는 꽃이 있다
씹던 껌을 바닥에 눌러 붙이는
여자에게, 단물 다 빨리기 전에는
바닥이 몸을 받아주는 일은 없다, 말하려는데
사방 천지에, 오빠, 오빠, 팔짱을 끼고 찰싹 붙어

혼자 일어서려야 일어설 수 없던 밤이었다
씹다가 버린 것을 떼어내며
밤새 신발의 등을 두드려주던 봄이었다

오래된 종소리

구름망치를 들고 공중을 때린다는 비유는 우뢰에서 얻
었다
  합금에 대한 안목을 완성하지 못하였으므로
  정에 맞아 소리의 모서리가 똑똑 떨어져 나가는
  이명에 시달리며 종 만드는 주성장鑄成匠이 있다
  무른 쇠를 달구고 식히며 젊은 날을 탕진하고
  소리의 육체를 짜 맞추는데 후반부를 소모했다
  뼈를 가죽부대에 헐렁하게 담아놓은 것 같은
  그가 평생 종을 만들었지만 그 어떤 큰 위로도
  그의 등을 쿵쿵 두드려준 적은 없다
  꼭 한번 그도 자신만의 종을 칠 것이지만
  그의 난청은 오래된 사원의 벽 같다
  언제부터인가 힘을 다해 두드려도
  소리 나지 않는 고양이와 강아지
  그의 아내와 아이들이 조금씩 걱정이 되기도 하였는지
  쇠망치가 대신 가서 안부를 묻기도 했다
  소리 때문에 어떤 옛 종은 산목숨을 양각했다는데

풍문이나 낭설이 아닐지도 모른다
생의 여음이 모두 사라진 그를 지날 때
또각또각 홀로 근심을 음각하는 소리가 내 속에서도 들려왔다

스캔들

화재경보가 울리자
스프링클러가 일제히 물을 뿜어낸다
냉산 아래 밭둑에서 시작된
불길이 산자락으로 막 옮겨 붙고 있다
방염복도 입지 않은 구름이 강물에 긴 호스를 대고 있지만
불을 끌 별다른 방법이 있는 것 같지 않다
〈전부 터뜨리겠다〉에 〈반드시 막아야한다〉는
기름에 기름을 붓는 격, 진화되지 않는 어떤 염문은
그냥 두면 사그라지는 것이 있다
스프링클러는 연두색 불길에 집중한다
싹눈은 새치름하다
시퍼런 민원서류 한 장 들고 언제 어느 때
면사무소 도르래 문 활짝 열어젖힐지 모르는 일이다
그래서 복지부동은 즐겁다 저 불 다 꺼질 때까지
배를 바짝 땅에 붙이고 기다려 볼 밖에,
엎드린 머리 위로 불똥 휙휙 날아가서

나무 가지 끝에서 소리 소문처럼 반짝 켜진다
툭툭 터져 나오는 것들은 막을 수 없다

종이 재생 공장에서

배달되지 않은 신문다발이며 두꺼운 새 전화번호부가
몇 뭉치씩 몸을 다해 살았던 폐지들 속에 버려져 있다

한 번도 살아보지 못한 것들에게 재생을,
헌신을 설명하기란 얼마나 어려운 일인가

온몸으로 받아 낸 혈서나 혁명의 사발통문 반쯤 뜯겨져 나간 대자보
그런 아픈 기록이 아니라면,
연필에 침을 묻혀 꾹꾹 눌러쓰는
깨우침이 아니라면 다다를 수 없었던
저 서슬 푸른 파쇄기 앞에 한 트럭의 삶이 부려진다

대체
잘 죽는다는 것은 무엇일까,
읽지 못한 시 한편을
책갈피에서 찢어낸다

제3부

토담이 무너지는 동안

어느 여름 장맛비 사나흘에
젖은 토담이 스르르 무너졌다
누군가 세웠을 옹색한 높이며
거처의 안팎이나 구분 지었을 허술한 경계가
조용하게 흙으로 돌아가는 순간이었다
훗날 당신이 나를 떠나는 하루나
내가 당신 떠나는 절명이 저리 순했으면 싶어
몇 날 며칠 담이 무너진 곳을 서성거렸다
흙탕물 범벅이었던 자리
물이 길을 내고 바람이 공중을 여는 것인지
망촛대 하나 툴툴 털고 일어서
둥글게 허리를 젖히고 있었다
햇살이 고요하게 그의 허리를 주무르고 있었다

마당을 길러낸 집

살진 마당을 덮친 잡풀들이
마당의 연한 등가죽을 바라보며 입맛을 다시는
여름 한나절
집이 앉았던 자리에 쪼그려 앉아 헐떡이는 마당을 바라본다
여기 집이 기른 마당은 한 마리 가오리였다
긴 꼬리지느러미를 흔들며
골목을 거슬러 헤엄쳐 올라온 마당
오랜 잠영을 마치고 정박한 댓돌 아래
집 그늘 출렁출렁 물결친다
바짓가랑이 걷어 올리고 그의 등짝에 내려서면
발아래 온몸을 퍼덕이며 나를 휘감고 올라가는
마당의 푸른 지느러미
비린내 다 씻어 받아낸 늙은네 어디로 갔는가
오래 전의 일을 묻자
다시 마당은 바닥에 몸을 치며 저를 뒤집는다
가장자리로 쓸려가던 잡풀들이 발목을 붙들어 돌아보면

좌초한 한 가계가 스티로폼처럼 떠오른다

이제 꽃피면 안 되겠다

소파가 꽃을 피우려는지 인조 가죽이 여러 갈래로 튼다. 갈라진 틈새로 노란 스펀지가 올라온다.

의자는 몇 해 전에 이미 꽃을 피웠다. 굵고 탄력 있는 스프링 꽃대가 아직도 등뼈처럼 구부정하다.

아버지는 담도암으로 돌아가셨는데, 암은 어느 꽃의 구근이었는지 뿌리를 뽑아내자 한순간 몸속 가득 꽃을 피웠다. 나는 마른 꽃대처럼 남겨졌.

내가 혼자가 되었을 때, 수명을 다한 형광등에 푸른 멍을 보았다. 곰팡이 가득한 천장이 보였다. 떠나고 남는 것이 모두 꽃의 혼령이라는 것을 알았다.

안 되겠다 꽃이 피면 안 되겠다

아버지 기일이 오기 전에 소파를 고쳐야겠다. 형광등을

갈고, 바닥이며 천장도 손을 봐야겠다.

노란 주전자

잠 덜 깬 새벽에 가슴 더듬더듬 젖꼭지를 찾아 물고 오물오물 빨다가 다시 잠이 든다

어미는 몸을 다 기울여도 물이 나오지 않자 엉덩이 치켜세워 허공에다 퍽퍽 뒷발질을 한다

나는 모르는 척, 아내를 흔들어본다

뚜껑이 열린, 아무렇게나 던져놓은, 단단한 고삐에 코 달린, 우리 집 염소는 새끼를 낳고부터 찌그러진 깡통 소리를 낸다

돌아눕는, 뿔에 옆구리 자주 받힌다

속 보글보글 끓다가도, 입에 젖을 물리고 안고 뒹굴고 어루만지던 저를 내가, 벌컥벌컥 들이켜서, 빨아 대서, 평생이 우그러졌다, 고

나는 모르는 척, 뚜껑도 없는 주전자를 거꾸로 뒤집어 흔들어본다

겨우살이

　겨우살이는 오리나무, 참나무 등 활엽수 가지에 뿌리를 박고 양분의 일부를 가로채어 빨아먹고 사는 반기생식물이다. 한 식물학자가 숙주가 된 나무의 영양 공급 통로를 차단하면 겨우살이가 광합성을 통하여 얻은 양분을 거꾸로 숙주에게 역류시켜 숙주를 되살려주는지를 실험했으나, 숙주가 죽자 겨우살이도 함께 죽었다고 한다.

빨아먹고 사는 생은 푸르다
한때 나는
기미 가득한 당신 얼굴에 올려준 화관이었다
밤마다 몸속으로 뜨겁게 뿌리를 내려주던 서방이었다
나무들은 모른다
빨아먹고 사는 생이 얼마나 지독한 맹목인지
당신 죽으면 나도 죽는다
내가 몸이라 부르는 당신,
밑둥 썩어 문드러진다 하여도
이 날건달 백수
아무것도 줄 것 없다

꽃소식 아랫도리 붉게 달구는 봄날 하루 골라
다시 연애를 걸겠다
당신의 상처가 깊으면
내 뿌리도 깊어질 것이니

성묘

 몇 해 전 밭머리에 봉분을 지어 드시더니,

 햇빛이 좋아서인지, 작은집 정수리에 흰꽃 자주 핀다. 하얀 스피커폰을 들고 나온 구절초, 육탈한 아버지 소식을 전했다.

 떳장이 지극하게 뼈를 닦아, 웃음소리 그치지 않았다는 말도 보탰다.

 살 냄새 즐겼으니, 서운하지는 않으시겠다. 엎드렸더니, 혼백이었나
 송장메뚜기 멀리 세상 밖으로 풀쩍 뛰쳐나갔다.

 문간에 키우던 칡넝쿨이 커다란 귀를 펄럭이며 밭둑을 컹컹 기어 다녔다.

당신의 수하

주먹눈 쿵쿵 내립니다

주먹들, 주먹들
펄펄 뛰는, 퍽퍽 나가떨어지는
그 아래, 아래

아랫목 절절 끓는
당신 사람이 되기로 합니다

발굴

무덤을 열자 그는 없고
순장한 낡은 그림자 한 장이 나왔다
저 검은 생가죽을 어떻게 벗겨냈을까
죽은 그에게 수의를 입히기 위하여
이승의 옷이었던 저 한 벌을 벗겨냈을 것이지만
그대 곁에, 반쯤은 그대 몸에 스며들어
누울 때 따라 눕고 뒤척일 때 따라 뒤척이는
이 오랜 관계도 세상으로 출토될까
안으로 문을 잠그고 거기
서로 먼저 낡아 서로에게 순장한
생가죽 같은 마음도 다 벗고 사는
당신과 나는 언제쯤 환하게 흙빛으로 드러날까
부장품으로 생몰 연대를 추정하는
고고학의 연대측정법으로 보아도
끝이 닳아 뭉툭해진 이 숟가락 두 개가
여기 서로의 일생을 묻었음을 증거하는 것
우리가 두꺼운 무덤을 뚫고

세상으로 출토되기 시작한 날이
이 오래된 죽음의 시작이었다

무인판매상점에서

　내가 나의 주인일 수 있는가 내가 나의 주인이라면, 내가 나를 진열하지 않아도 되는가 나의 점원을 나에게 두지 않아도 되는가

　아무도 없는, 나에게서 나를, 필요한 만큼만 봉지에 담아가는, 지폐를 넣고 동전을 거슬러가는, 갸우뚱 그냥 가는, 아예 오지도 않는 사람들

　내가 없어도 나는 나고, 내가 있어도 내가 나일 수 없는, 이 상점을 사십 년 넘게 꾸려왔다 당신이 단골이 된지도 여러 해 지났다

　상점은, 얼마 전 잡지에 소개되기도 했는데, 그때 나는 나를 주인이라 했다 나는 없지만 내가 주인이라고 했다 단골도 있으며, 잘 팔리는 시 부스러기를 보여주며 사실을 증명하기도 했다

문을 열어두고, 윙윙거리는 파리에게 하품의 축포나 쏘아대는, 나는 나의 주인이다 그들이 알아서 골라가는 나의 일부가,

 자주 나를 들락거리며, 나를 거덜내지 않는, 세상의 어느 경계에, 내가 나인지 아닌지 모를, 내가 나라고 믿는, 오래된 무인판매상점이 내 이름을 내걸고 있다

무화과를 먹는 저녁

 지난 생에 나는 거기 없는 당신을 기다리는 벌을 받고 울다가 내 안으로 들어와 몸져누운 날이 있었습니다.
 모두가 우두커니 서서 육신을 익혀가는 계절, 몽둥이에 흠씬 두들겨 맞은 듯 엉덩이에 푸른 멍이 번지던 저녁이 있었습니다.

 한 시절 몸을 탐하느라 나를 잊을 뻔도 했습니다. 아파하려고 꽃이 나에게 왔었다는 것, 위독은 병이 아니라 이별의 예각에 숨어 피는 꽃이라는 것조차

 거기 없는 당신을 기다리다가 끝내 당신 속으로 들어간 마음이 진물처럼 흘러나와 어찌할 수 없을 때,
 바람은 스스로 지운 꽃냄새를 풍기며 선득하게 나를 지나가고 말았습니다.

 당신이 없다면 어느 몸이 아프다고 저렇게 큰 잎을 피워내서 뒤척일까요.

아무렇게나 태어난 아이들이 골목길로 꿀꺽꿀꺽 뛰어드는 환청, 꽃을 숨기느라 땅이 저물고 하늘이 붉어지는 것을 몰랐습니다.

 세상에 태어난 적 없는 꽃냄새가 당신도 없이, 입안에 가득하였습니다.

못에 옷을 걸었다

 또 다시 이사를 하게 되면 못이 홀로 남을까 벽에 못을 박지 않았다 소리 내지 않고 살았다

 망치로 못을 내려치지 않았으니, 벽이 울리지도 않았으니, 이웃은 내가 이웃인지조차 모르고, 방은 누굴 제 안에 들였는지 모르고

 못을 박지 않았다 이미 못이 박힌 벽을 다시 치고 두드리는 일이 하찮아지고 심드렁했다 몸은 얼마나 깊은 마음이었는가

 당신에게 처음 들어섰을 때 누군가 먼저 박아놓은 못에 몸을 걸고 마음을 걸며 쓸쓸했던, 뒷덜미 잡았던 억센 손을 지우려했던

 결벽이여, 걸어두면 자꾸 떨어지는 옷, 못이 맞지 않는다 생각되어 뽑을까도 했으나, 한번 박히면 오갈 데 없는

벽을 만난 당신도 어쩌지는 못했을 것이다

 못에 옷을 걸었다 볼록하게 솟은 뒷덜미에 자꾸만 손이 갔다

뼈다귀해장국에 대하여

몸이 먼저 아픈 것이 사랑이다
그대, 갈비뼈 같은 애인을 만나거든
시장 골목 허름한 밥집으로 가라
세상이 다 버릴 것 같았던 뼈에 우거지 덮어
불룩해지는 뚝배기 속을 보라 뼈는
입김을 뿜어 그대 얼굴을 뜨겁게 만질 것이다
마음이 벼랑 같아 오금을 접고
캄캄한 구석에 쪼그리고 앉아
정강이뼈 쓸어안아 보지 않은 사람은 모른다
보잘것없는 뼈마디 하나가
얼마나 뜨거워지는 것인지 모른다
뚝배기 두 손을 모아 감싸는 경배
그 손바닥 가득 번지는 것이
몸을 다하여 그대 만나려 하는 뼈의 몸짓이다
그래서 뼈는 뜨거운 것이다
한때 나도 세상의 등골을 빨아먹으며 산 적이 있다
무슨 짐승인지도 모를 뼈를 발라내며

뜨거운 신음을 숟가락으로 퍼 먹으면서
몸속 가득 뼈를 숨겨놓고 살 냄새 풍긴 적 있다
그대, 갈비뼈 같은 애인을 만나거든
뜨거운 눈물에 뼈를 먼저 적셔라
뼈아픈 것이 사랑이다
그것이 진국이다

땅끝에서는 맞잡을 손이 필요해요

― **냇물**

대흥사 가는 아홉 구비 냇가에서 얼굴을 씻습니다.
얼굴에 닿는 차고 흰 손은 당신의 손입니다.
당신이 나를 이끌었으니
세상에 나보다 먼저 온 인기척은 당신뿐입니다.
보아요. 여기가 끝이라고 공중 구름걸개에 못을 박으며
낯선 새 한 마리 부리를 치는 편백나무 숲
냇물은, 절간에서 씻은 마음 한 자락
사람 사는 마을까지 깨끗하게 흘러가는 비유입니다.

― **구름다리**

이곳에서 저곳으로 건너갈 수 있다는 것
당신 안에 주저앉을 수 있다는 것
두륜산 구름다리가 우리 마음의 벼랑입니다.

이쪽과 저쪽을 가파름만으로 붙잡아 주는 일
바윗돌 같은 공중을 그곳에 두는 일
낭떠러지가 툭, 변심할지도 모른다 생각되어
몹시 울렁거리는, 밑이 쑥 빠질 듯 아찔한
당신을 엉금엉금 건너가는, 그 벼랑 사이의 일입니다.

― 등대

공중으로 왔는데도 어깨 죽지 내려앉고 꽁무니가 어긋납니다.

남의 발로 걸었는데도 뒤꿈치가 까지고 발톱이 빠집니다.

걷고 걸어 흰 뼈 와르르 쏟아질 거기, 천수의 한 눈이 있습니다.

구부리고 움켜쥐면 모조리 내 손바닥을 향하는
손가락 끝에 환한 눈을 새긴 당신이 나의 끝입니다.

사십 년도 더 된 가구

 책장 선반이 아래로 불룩하게 휘었다 오래된 서지며 읽지 않을 책을 뽑아냈다 시들시들 말라가는 화분도 내렸다 빈 구석이 늘어나고 먼지는 후후 불어도 날아가지 않는다 얼룩이 내력도 없이 깊다 휘어진 깊이만큼 몸을 불린 허공은 선반에 엉덩이를 들이밀더니 아예 벌렁 누웠다 제기랄! 살을 좀 빼야겠군 배를 쥐고 출렁출렁 흔드는데, 이봐요! 옷이라도 좀 걸치세요 나이를 저리 흉하게 먹다니! 이젠 얇은 시집 한 권도 버겁다 엄살만 자꾸 느는, 축 처진, 우리 집 붙박이

제4부

태풍

거대한 털북숭이다.

눈알을 뽑아 던지고 온다. 눈알 희번덕이던 내부는, 아무 소리 없다. 미동도 없다. 숨이 멎을 듯하다.

눈 밖에 나면, 죽는다.

부르르 몸을 털면 개비린내가 반경 수십 킬로미터
입 없는 고요

눈을 부릅뜨고 눈을 감는
사이, 잘 쓸어 올린
속눈썹 같은 폐허가 몰려온다.

눈이 먼
뉴스가 소용돌이친다.

한낮의 그림자

두꺼운 구름 틈으로 복사기 불빛이 새어나온다
한낮이 길바닥에 복사되었다
전봇대에 올라 전기를 빨아 먹던
전깃줄도 검은 사선으로 내려앉았다
나무는 밑동을 향해 아주 짤막하게 축소되었다
구석구석 다 만져야 보이는 몸을
바짝 마른 종이 한 장으로 탁본하는 시각
그대가 상자에서 복사된 나를 꺼낸다
내가 이렇게 간결하다니!
밝거나 어둡거나 선명하거나 흐린
생의 농도를 다 맞추어놓기도 전에
그대가 또 나를 읽고 간다
몇 번을 구겨서 버린
오래된 내면이 뒤꿈치를 뚫고 뾰족하게 나온다

나무 밑동

의자를 두고 가서 슬프다
밤새 함박눈이 내렸다
거기 나이테 얼룩은 내부로부터 왔으니
내려앉은 눈송이들은 흔적 없이 사라졌다
사라지면서 의자를 두고 가서 슬프다
의자라서 슬프다
뿌리로 빨아올린 물은
몸에 고여 무슨 파문을 일으켰나
깔고 앉는 슬픔이 슬프다
축축해지는 슬픔이 슬프다
몸에서 결만 남겨두고 물을 전부 퍼낼 수 있나
톱이라면 그럴 수 있나
도끼라면 그럴 수 있나
핏자국 하나 없이
너를 내 안에 앉혀야 하는데
바닥이 몸이라서 슬프다

고백

 내가 사랑이라고 말했을 때, 말로 해서는 안 되는 것이 있다고 했다. 나와 당신 사이에는 말로 할 수 있는 사랑이 있었고, 말로 할 수 없는 육체가 있었다.
 처음이야 내가 말했을 때, 당신은 마지막을 지나 다른 처음이 되었다고 했다. 낯선 입이 있었고, 낯선 귀가 있었다. 낯설어 서로는 눈길도 마주치지 않았다.
 내가 당신의 마지막이라고 했을 때, 당신과 나 사이에는 말로는 할 수 없는 방언이 있었다. 말로 할 수 있는 침묵이 있었다.
 서로의 입 안에서는 말할 수 없는 말과 말할 수 있는 말이 격렬하게 소용돌이치고 있었다.

저 구석에 노을이

　공터가 퉁, 허공을 낳는다
　피 묻은 허공이 강보에 싸여 구석으로 던져진다

　개가 나를 낳고 간 자리 내가 나의 목을 꺾어 놓고 울던 자리 비가 그치면 잡풀이 몰려왔다 벌레가 죽고 시간이 썩어갔다 바람은 굶주린 짐승처럼 몸을 배회했다 거기 검은 가죽의자가 있었다 거기 검은 뒤통수가 매달려 있었다 거기 검은 머리카락이 자라고 있었다 나를 사산했던 모퉁이, 휙 돌아, 확 끼쳐오는 저 탯줄 같은 비린내

　생살을 물어뜯기며 안간힘을 다한 허공이, 찢어진 보자기처럼 펄럭, 한다
　구석이, 불덩어리 신열을 쿨럭, 토한다

　고양이 몸을 빌어 쥐가 태어나듯, 저 구석에 노을이

홀로 싸우다

 너는 고집이 세다 말 잘 듣지 않는다 멱살을 움켜쥐거나 어떤 과녁을 겨눌 때 너의 본성은 극명하게 드러난다 잘못 정한 방향조차 결코 바꾸지 않는다

 허공에 던진 돌이 나무의 이마를 쳤다 나는 돌을 대신하여 사과했다 작고 동글동글한 것들은 길들일 수 없어요 속이 꽉찬 것들은 주무를 수 없어요 돌은 다시 저수지의 얼굴을 쳤다 이빨이 나갔는지 하얀 물방울 몇 개 튀어 올랐다

 나는 너를 대신하여 무릎을 꿇었다 합의를 빌었지만

 저수지는 굳게 입을 다물었다 이빨도 보이지 않고 시퍼렇게 깊어가는 저수지가 무서워 슬슬 뒷걸음으로 도망치다 달빛에 걸려 넘어진 일이 있다 너를 걷어찼는데 비명은 내가 지른 것 같은 날도 있었다

너라고 말하는 나와, 나는 서로에게 흉터처럼 선명해질 것이다

가족

할아버지 집에서 할머니 집은 가깝다
할아버지와 할머니는 중간에 있는 정류장에서 만난다
아들의 집에 초대되어 온 며느리를 만나러 간다
아들과 며느리의 집은 서로 가깝다
아들의 집에 초대되어 온 손자를 만나러 간다
며느리와 손자의 집은 서로 가깝다
며느리와 손자가 손을 잡고 들어올 때가 많다
불쾌한 아들은 할아버지와 논다
불쾌한 며느리는 할머니와 논다
할아버지는 며느리와 놀고 싶다
할머니는 아들과 놀고 싶다
아들과 며느리는 서로 손자와 놀고 싶다
손자는 여차친구와 놀고 싶다
궁리 끝에 모두
놀지 않는 대신 밥을 먹기로 한다
놀지 않는 대신 잠을 자기로 한다
밥을 먹고 잠을 자고나면 불현듯 깨닫는다

할아버지와 할머니 집은 서로 멀다
아들과 며느리의 집은 서로 멀다
손자와 그 모두의 집은 더욱 더 멀다
멀어서 모두가 서두른다
외투의 한쪽 팔만 끼우고 나간다
구두의 한쪽을 꺾어 신고 나간다
돋보기안경을 들고 나간다
머리핀을 입에 물고 나간다
모두 똑같은 문을 저마다 박차고 나간다
똑같은 비명을 저마다 지르며 나간다
똑같은 시간이 제각기 달려간다

머리가 있는 토르소

하나의 몸

꼬리뼈 있던 자리가 가려워 피가 나도록 긁는다
생각지도 않았는데 불현듯
꼬리는 뒤편으로 멀리 달아나버렸다
휙 돌아보면 처음부터 거기 있었던 부재와 마주친다
털에 휩싸인 짐승의 뒤를 가진 건 나였다
깨닫는다는 것은 사타구니 아래 치욕을 떼어 내는 것처럼
아프다 피가 나도록 나를 긁어
뿔과 귀와 입과 눈과 음경
뻗치고 날뛰는 것들은 모조리 생략해도 좋은가

종일 머릿속이 시끄럽고 복잡하다

하나의 오브제

두 다리를 잃은 거리의 악사는
검은 고무판을 배에 대고 기어가고 있다
기어 다닌 자리가 오선지처럼 팽팽해지는 길
조경사들이 나무 가지를 잘라 거기 음표를 내려놓는다
이미 날은 지나고 도돌이표도 없는데
전지가위가 닿았던 자리에 때 늦은 통증이 돋는다
나무가 땅 속에서 뿌리를 꺼내 허공을 긁는다

가로수는 우듬지만 남아도 소란스럽다

고무지우개, 화이트 그리고 Del키

 시를 지웠다. 한 행을 지우자 팔이 사라졌다. 한 연을 지우자 다리가 사라졌다. 마침표를 지우자 전부가 사라졌다. 시의 뒷장에 남은 시의 요철로 시를 증거하려 했으나, 시는 사라졌다. 뼈에 박히고 살이 에일 것 같은 시절, 시로 칼을 간 자들의 소행임을 짐작할 뿐이었다.

 시인들이, 시를 묻어 버린다. 색이 색 아닌 것에 뒤덮인다. 시를 파묻은 구덩이에서 손이 드러난다. 발목이 삐져나온다. 색으로 덧칠하고, 빛에 번들거리고, 비명이며 소음이 소름처럼 돋아난다. 시를 쓴, 시인들이 사라지자, 시가 유기되었다는 사실이 더욱 자명해진다.

 시가 시를 지운다, 시는 지워진다, 지워지는 시를 애도하지 않는다. 딸각딸각, 시는 지워지고 시는 남는다. 시는 사라지고, 시는 부활한다. 시는 현현하고, 시는 소멸한다. 키보드와 마우스와 액정화면이, 저희들끼리, 반응한다, 전율한다.

시가, 먼지투성이 입을 열자, 꼼지락거리며 부화한 기호들이 기어 나온다. 시를 먹고 자란 비문이 문법을 벗어 놓고 사라진다. 시인들이 사라지자, 시인들이 나타나, 말의 몸속을 날아다닌다. 입이 사라지고 없는 몸이, 시를 복원한다.

문장

 풍경을 닦으며 내리는 비를 바람이라고 말하겠다. 허공을 씻으며 건들거리는 바람을 비라고 말하겠다. 너와 나는 혼돈의 족속이었으니

 직립의 사람들 사이

 바람을 더하면 비는 사선을 이룬다. 습성 때문인데, 그 사이는 서로가 서로를 지나갈 만큼 넓은 공중이 있다. 그 사이로 새가 날아가거나 구름이 지나간다.

 하나의 생, 하나의 틈에

 비바람이 들이친다고 할 때, 비는 바람의 부레를 가졌으므로 공중을 날고, 바람은 비의 눈물샘을 건드렸으므로 날개가 젖는다.

 비와 바람이 다툴 때,

인간의 본성은 그걸 따라해 보는 데 있다. 살림을 거덜 내기도 하고, 관계를 찢어발기기도 하는, 우리의 싸움은 한 몸의 내력이 있다.

내가 당신을 읽어낼 수 있다면 앞산의 구름치마도 걷어 올릴 수 있다.

지삿개를 말하다

1.

균열이라고 해야겠다. 스며들고 새어나간 사이라고 해야겠다. 처음에는 불이었다가, 재였다가, 문턱에 기대놓은 발자국에서 푸른 물 뚝뚝 듣는다고 해야겠다.

(몸이 뜨거워지자 몸에 가두었던 문자들이 모든 사슬을 끊고 날아올랐다. 문자가 사라진 다음 나는 물보다 더 묽어졌다. 묽어서 보이지 않는 나를 일으켜 세우며 당신이 왔다.)

온전히 내 몸에 들어 내가 된 당신이라고 말해야겠다.
나였던 당신이며 당신이었던 나, 몸인 마음과 마음인 몸, 갈피에서 서로를 꺼내어 햇빛 좋은 마당에 내다 말리는 동안이라고 해야겠다. 가파른 옆구리에 손을 찔러 흰 물결을 꺼내는 순간이라고 해야겠다. 서로가 서로에게 격렬한 온도로 들끓고 차갑게 식어갔던 기록이라고 해야겠다.

(내 몸은 문자의 감옥이었다. 당신은 노래의 열쇠를 철렁거

리며 왔다. 죽은 문자의 흰 뼈마디 와르르 쓸려나가는 해안, 이미 문자는 흔적 없었으나, 돌과 바람과 물결은 제각각의 음역을 가진 화음이 되었다.)

 오줌을 눈 것도 아닌데 오줌 진저리를 치는 몸에 대하여 나는 전율했다.
 마음의 신전이 낭떠러지 끝에 우뚝 섰다고, 돌의 귀는 물소리로 봉인했다고, 소낙비가 화살처럼 내 뒤편에 시퍼렇게 우거졌다고 해야겠다.
 (내가 당신을 내 몸에 가두었을 때, 몸 안의 희고 검은 건반을 두드리는 손이 있었다. 가늘고 흰 손가락들이 뼈에 닿자, 내 몸에서 문자가 흘러나왔다.)

 2.

 울음은 진원지가 없다. 갈라지고 부서진 곳으로 파고드는 물결이 그 여진일 뿐, 당신을 허벅지에서 꺼내 철커덕

가슴에 넣는 소리, 환청이라고 해야겠다.
 울음소리는 어떤 유물보다 오래되었으나 발굴되지 않으므로, 몸에서 몸으로 녹아들어, 내가 된 당신을, 절벽에 앉아 붉은 육각 도장을 찍어주는 중이라고 해야겠다.

 내 이마에 찍힌 화인을 당신이라고 해야겠다.

옹알이

 입 안이 어떤 바깥보다 더 높은 공중을 가졌다는 것을 아는가. 둥글게 비어 있다는 것은 소리가 살았다는 증거, 동굴을 몸에 가진 인간의 내력이 그렇게 시작된 것처럼

 이제 막 하얀 이를 거느리는 아이의 혀를 만지면, 우리가 어느 작은 해안 너울의 후손임을, 언어가 왜 인간에게 먼저 발음을 허락했는지 알게 된다.

 훗날, 일파만파의

 입이 몸의 항구였으니, 최초의 말씀이 물방울처럼 정박하고 있다.

발문

포월자匍越者, 나는 그를 짝사랑했다

박제영(시인)

1

 아직은 전혀 알지 못하는 한 여인의 팔에 우연히 팔꿈치가 스칠 때, 영혼은 왜 떨리는 것일까.
 ― 파스칼 키냐르, 『은밀한 생』

2

 내가 빈터의 동인이 되었던 2000년 그러니까 새로운 천년이 열리던 그해 여름 서해의 염전 버려진 소금창고에서 그를 처음 만났다. 이성목 형. 어눌한 말과 어눌한 표정 어눌한 몸짓. "안산에서 시를 쓰는 이성목입니다." 악수를 하면서, 아직은 전혀 알지 못하는 한 사내와 악수를 나누면서, 내 영혼은 왜 떨렸던 것일까? 그때는 미처 알지 못했다. 그날 밤. 별은 반짝거렸고 버려진 소금창고 속에서 버려진 시인들은 버려진 나무와 종이로 모닥불을 피우고 밤새 버려진 시를 노래하며 갈대처럼 바람에 흔들리고 있었다. 그때 불빛 뒤로 그림자처럼 붉게 어른거렸던 이성목 형. 그의 나이 서른 아홉 살 되던 해였다.

3

지난 10년 빈터 모임 때마다 늘 함께 했으나 그의 첫 번째 시집, 『남자를 주겠다』(모아드림, 1999)에 등장하는 '앞선 자들에게 얼굴 가려지고/ 청춘이 반쪽으로 남은 사내'(「단체사진」)처럼 그는 늘 뒷줄에만 서 있었다.

  나는 왜 늘 뒷줄에만 서 있었을까
  누렇게 얼룩지고 빛 바랜 흑백사진
  눈부시게 터뜨려 주던 플래시 불빛과
  좀체 터지지 않던 억지웃음들이

그땐 어쩌면 이렇게도 어정쩡한 자세였는지
앞선 자들에게 얼굴 가려지고
청춘이 반쪽으로 남은 사내
얼마나 더 오래 뒤꿈치를 들고 견뎌야만 할까
세상의 뒷줄들은

—「단체사진」전문

언제 어느 모임에서 만나든 그는 내내 뒷줄에 서 있었고, 지금도 여전히 세상의 뒷줄이다. 세상의 뒷줄이 되어 어정쩡한 자세로 뒤꿈치를 들고 견뎌온 그를, 그의 시를 읽는 것은 그래서 쓸쓸함과 아픔을 견디어 마침내 비장한 아름다움을 건지는 일이기도 하다.

4

안산의 어느 공동묘지에서 빈터의 동인들 몇몇이 모여 술을 마시다가 밤이 이슥해질 무렵 모닥불을 피웠고 가지고 온 시집들을 태웠다. 다 비우자고 다시 시작하자고. 그때 이성목 형도 그의 첫 시집을 태워보냈다. 2005년 어느 봄날의 일이다. 그리고 그해 초겨울 그가 두 번째 시집, 『뜨거운 뿌리』(문학의 전당, 2005)를 보내왔다. "사랑하는 동생, 우리 같이 가자"는 자필 서명과 함께. 그의 나이 마흔 네 살 되던 해. 그러니까 그가 마흔의 감옥에 유배된 지 5년 째 되던, 나 또한 마흔이라는 감옥에 이제 막 유배되던 그해였다. 시집 자서에 그는 이렇게 쓰고 있다.

"당신의 누구이며, 당신의 무엇인 나이가 되어서 또 물구덩이 하나를 팠다. 때마침 그곳을 낡은 트럭 한 대가 지나갔다. 문제는, 그 형편없는 트럭의 이름이 〈이○○〉 아니던가? 번호판이 〈62XX30-1802XXX〉 아니던가?
흙탕물을 뒤집어 쓴 당신, 고맙고 미안하다. 당신 아니었으면 내가 어찌 사람을 품에 안아보겠는가."

그러니까 그의 자서는 시인으로서 자기 죄에 대하여 스스로에게 내린 종신형에 대한 최후 진술인 셈이다. 그러니까 두 번째 시집 『뜨거운 뿌리』는 그가 마흔이라는 감옥을 지나며 기록한 옥중일기인 셈이다. 『뜨거운 뿌리』에 수록된 그의 시「적소에서」가 어떻게 쓰여졌는지, 언젠가 그는 그 사연을 이렇게 밝힌 적이 있다.

"오래전 어느 산장식당에서 '빈터' 모임을 할 때였다. 무슨 일이었는지, 임혜신 시인, 송진호 시인과 함께 근처 산중 굿당에 간 일이 있었다. 때마침 내림굿을 하고 있는 어린 무녀의 굿판을 관람하게 되었는데, 거기서 나이든 보살이 우리 세 사람의 신수를 짚어준 일이 있다. 기억이 희미하긴 하지만 임혜신 시인에게는 외롭겠다는 것을, 송진호 시인에게는 여자를 탐하지 말라는 것을, 그리고 나에게는 몸은 돌아다니는데 마음이 감옥에 갇혔으니 발버둥치지 말라는 것이었다.

어깨에 몹쓸 귀신을 하나 얹어 돌아왔는지, 그 이후로 모든 게 엉망이 되어가기 시작했다. 생계 문제가 턱밑까지 쳐들어오고, 생활이라는 종지그릇이 박살이 나고, 울타리가 와해되고, 시집이라도 내야겠다고 보낸 원고가 말없이 되돌아오는 그야말로 호사(好事)는 없고 다마(多魔)한 시절이었다.

내가 할 수 있는 일들이 별로 없어, 예전의 노트나 책들을 뒤적이며 시간이나 축내다가 발견한 추사의 제주 대정리 유배에 관한 기록들이 있었다. 대학 시절 추사 적거지와 적소에서의 삶, 그리고 편지들을 재구성하여 긴 글을 쓴 적이 있는데, 그 시절의 자료였다. 그것들을 뒤적이고 있으면서 문득 그 섬에 위리안치(圍籬安置)되어 있는 나를 발견하게 되었다.

늘 재수 없는 굿당이라고 구시렁거렸던 나는 굿당에서의 그 말을 받아들이기로 했다. 그리고 그 모든 것이 '세상이 말리는 사랑을' 한 죄임을 인정하기로 했다. 오래 오래

외롭게 살기로 했다. 그리고 속죄의 기록은 아니지만, 마음의 옥중일기에 조용히 적어 두었던 것을 몇 번의 퇴고를 거쳐 지난 시집에 싣게 되었다. 지금도 여전히 발버둥 쳐 보지만 벗어날 수 없는 내 마음은 내 몸에 종신형을 받은 것이 틀림없는 것 같다."

꽃 지는 소리 시끄러워 문을 닫아 둡니다.
솜이불 귀를 떼어 바람의 귀를 막습니다.
아침에는 탱자나무 울타리에 굴뚝새 날아들어
까칠해진 공중에 손바닥 도장 찍어 둡니다.
깃털이 폴폴 날고, 그 이른 시각에
부엌에서 무얼 하다 나오는지 부지깽이
벌겋게 단 얼굴을 물웅덩이에 댑니다.
빨랫줄에 걸어 둔 젖은 길
마르지도 못한 채 염문은 시들합니다.
저녁에는 방안에 헛기침 가득 들어차서
모로 누울 자리조차 없습니다.

세상이 말리는 사랑을 내가 하였으니

종일 발자국 중얼거리는 댓돌 아래
개가 물어다 놓은 뼈마디

욱신욱신 아픈 것을 모르겠습니까.

마음 드나드는 소리 아뜩하여
몸의 문을 닫아 둡니다.

―「적소에서」 전문

두 번째 시집을 내고 나서 그는 홀홀 단신 안산을 떠났다. 대구로 갔다는 소식. 그리고 얼마후 간간히 들리던 소식도 끊어졌다. 그가 어디에 있든 그는 적소에 든 것이라고 나는 그리 생각하며 그와 그의 시를 문득 문득 그리워했다. 그리고 올해 초 빈터 게시판에 그가 몇 년만에 글을 올렸다.

"한 해를 보내고 또 맞으면서, 광주로 이사를 했습니다. 새로운 사람들에 섞이고, 새로운 생의 기치도 내 걸었습니다. 하던 일을 잃고 백수가 되었습니다. 이 선택의 대가이겠지만, 잠시 시를 돌볼 겨를이 없을 것 같습니다. 빈터에는 빈터처럼 오는 둥 마는 둥 하게 될 것 같습니다. 앉은 자리가 마르면 꽃처럼 활짝 피겠습니다."

형은 잠시 시를 돌볼 겨를이 없을 것이라고 했지만, "앉은 자리가 마르면 꽃처럼 활짝 피겠습니다"는 말 속에서 나는 예감할 수 있었다. 형이 조만간 세 번째 시집을 들고 나타나겠구나.

5

고백하자면 지난 십 년동안 나는 그를 짝사랑했다. 그는 『자유문학』 출신이라는, 나는 『시문학』 출신이라는, 소위 마이너리티라는 동병상련의 아픔도 작용했겠지만 나는 일찌기 그의 빽빽한 연애시를 짝사랑했다. 그의 두 번째 시집, 『뜨거운 뿌리』에 실린 「옛사랑, 서울역 광장에서」, 「한여름 밤의 꿈」, 「은행나무에 관한 추억」, 「봄, 알리바이」와 같은 시편들은 그가 시집에 싣기 이전부터 내가 짝사랑했던 시편들이다. 그는 계절이 바뀔 때마다 세상에 없는 연애시를 내게 보여주곤 했다. 그는 "흙탕물을 뒤집어 쓴 당신, 고맙고 미안하다. 당신 아니었으면 내가 어찌 사람을 품에 안아보았겠는가."라고 이야기 하지만 실은 반대다. 이성목이라는 시인이 아니었으면 그의 시편들이 아니었으면 내가 어찌 사람을 품에 안아보았겠는가. 그런 그가 이번에 세 번째 시집을 내게 되었다고 동생이 발문을 써주면 좋겠다고 부탁을 해왔다. 내 어찌 동무의 부탁을 거절할 수 있겠는가.

6

  나이 오십에 세 번째 시집을 묶는 것이니, 아마도 그는 이 시집으로 지난 십 년 불혹이라는 감옥살이를 마무리하려는 모양이다. 다시 십 년 지천명의 유배에 들기 전에 말이다. 보내온 원고 첫 장, 〈시인의 말〉에 그는 이렇게 쓰고 있다.

  "후회는 한 시절 늦고 반성은 뜨뜻미지근하여 나는 아직도 철이 들지 않았습니다."

  이 한 문장이 그만 가시처럼 목에 걸려서 정작 본문을 읽지도 못하고 시간만 죽인 것이니, 가을에 보내온 형의 원고를 겨울이 되어서야 덮고 이렇게 글을 쓰기 시작한다.

7

  이전의 시집도 그렇지만 이번 원고를 통해 다시 한번 확연해지는 생각. 포월(匍越). 세상의 뒷줄인 이성목 시인이 꿈꾸는 것은 어쩌면 앞줄을 훌쩍 뛰어넘는 초월이 아니라 접힌 무릎으로 기어서 기고 또 기어서 그예 앞줄의 가랑이 사이를 뚫고 마침내 굽은 몸을 일으키는 포월이라는 생각. 그렇다 그는 포월자이다. 그러므로 그의 시는 삶을 뛰어넘는 '초월(超越)'의 결과물이 아니라 삶을 껴안고 기어서 넘는 '포월(匍越)'의 결과물(생채기)이다. 그의 시편들을 읽을 때면 마음이 숙연해지는 까닭이다. 그의 시를 읽는 일이 그의 슬픈(아픈) 내력을 아프게(슬프게) 기어넘어가는 일이지만, 마침내 한 생의 심연 그 비밀에 다다르는 일인 까닭이다.

> 오래 소장하고 싶다면
> 이 책은 표지만 읽어야 한다
> 첫 쪽을 쓰다가 고스란히 백지로 남겨둔
> 이 육신을 눈으로만 읽어야 한다
> 이면과 내지가 한 몸인 그를
> 몇 장 넘겨보기도 했지만
> 뒤집을 때마다 생살 타는 냄새가 나는
> 이 책은 너무 오래 읽어서는 안 된다
> 그 기록은 물로 쓰고 소금으로 새겨져서
> 팍팍하고 짤 뿐만 아니라 비릿한
> 등 푸른 언어와 유선형 문장은 쉽게 타버린다
> 쉽게 부서지고 쉽게 헤져서
> 가시와 살점이 지글지글 뿜어내는 푸른 바다와

바다의 내밀한 구전을 다 읽지 못하게 된다
슬쩍 넘기다 우연히 본
온몸 빼곡히 쌓아둔 흰 종이들
그를 읽을 때는 그 백지마저 조심스레
젓가락으로 한장 한장 넘겨 보아야한다
육신을 제본했던 스테이플러 같은 가시가
목구멍에 컥 걸리기도 하는
난해한 이 책은
붉은 헛바닥으로 받들어 읽어야 한다
―「자반고등어」 전문

 마침내 자반고등어가 되기까지 그리하여 누군가의 밥상에 오르기까지 고등어는 얼마나 오래 푸른 바다를 기어넘어왔던 것일까? 보이지 않는 심연 속에서 기나 긴 포월의 상흔과 바다의 내밀한 구전이 빼꼭히 기록되었을 자반고등어처럼…… 어쩌면 포월자란 "누군가 애써 기억해주지 않으면 아예 없는 것처럼/ 살다간 사람들"(「아이스 카빙」)일 터이니, "한 번도 살아보지 못한 것들에게 재생을./ 헌신을 설명하기란 얼마나 어려운 일인가."(「종이 재생 공장에서」)라는 그의 탄식이, 포월자라는 동병상련의 탄식이, 조금은 이해가 되기도 하는 것인데. 물론 나의 어림짐작일 뿐이다.

9

아름다운 텍스트는 발음되기도 전에 들린다. 그것이 문학이다.
— 파스칼 키냐르, 『은밀한 생』

10

〈전설의 고향〉 배경음악으로 익숙한 탓인지 사람들이 귀신 나올 것 같다는 이야기를 하기도 하지만, 나는 어릴 때부터 대금 연주곡, "청성자진한잎"을 좋아했다. 지금도 운전을 할 때 주로 듣는 곡 중 하나이다. 청성(淸聲)자진한잎은 글자 그대로 해석하자면 빠르고(자진) 큰 곡조(한잎)를 높은 음(청성)으로 연주한다는 뜻이지만 그 소리는 결코 그렇게 단순하지 않다. 여름밤 먼 대숲에서 바람에 댓잎이 쓸리는 소리. 고요한 밤바다에 잔잔한 파도가 모래를 쓸고 지나가는 소리. 슬프지만 그래서 아름답다는 말 외에는 달리 표현하기 어려운 그런 느낌. 그런데 이성목 형의 「청성淸聲자진한잎」을 읽고 보니 그게 어떤 느낌인지 비로소 알 것 같다.

바람이 불었다. 밤새 산비알을 쓸던 바람은 날이 밝자 가뭇없이 사라지고 있었다.

　　바람은 덧없다. 들어앉을 몸을 얻으려고 산죽을 바닥까지 휘어놓고도, 들어앉는 삶을 견디지 못하고 떠난다. 깊은 잠 속의 흐느낌처럼 소리로만 육체를 드러낸다.

　　당신은 시김새 없이도 한 생을 이루었다. 저 바람처럼, 어쩌면 몸 없이 회오리치는 것이 생일지 모른다. 하지만 당신은 소리로 인해 일어서고 드높아진 영마루 같다.

　　바람이 누웠다. 소리로 와서 소리 없이 사라질 줄 아는, 높새바람이었다.
　　　　　　　　　　　　　　　　　─「청성淸聲자진한잎」 전문

그의 시를 읽으며 "청성자진한잎"을 다시 듣는다. "들어앉을 몸을 얻으려고 산죽을 바닥까지 휘어놓고도, 들어앉는 삶을 견디지 못하"는 바람. 오로지 "소리로만 육체를 드러내"는 바람. "시김새 없이도 한 생을 이루"는 바람. "소리로 와서 소리 없이 사라"지는 높새바람. 문자가 곡조를 흔들어 문자를 보여주고, 곡조가 문자를 흔들어 곡조를 흔드는 경지. 그의 포월이, 그의 시가 마침내 득음(得音)을 넘어 해음(解音)까지 이르른 것.

"바람이 바람 아닌 것을 흔들어 바람인 것을 보여주듯이, 당신도 당신 아닌 나를 일깨워 당신을 알게 하는 것이리라" (「화선지에 수묵담채」)

"날이 가니 색이 멀어지던가. 생살 붉은 저녁의 별리도, 아침이면 붓끝에 묻어나지 않는다. 색을 버리고도 못 버린 몸이, 몸에 겹쳐 파묵이 되고 다른 몸으로 번져 발묵이 되는 것을 어쩌겠는가." (「한지에 수묵」)

그의 문장이 시문(詩文)인지 곡조(曲調)인지 아니면 색조(色調)인지 이쯤 되면 그 경계가 의미가 없는 것 같다. "필답고사로는 구름과 바람의 기미에 답할 수 없"(「완창」)다는 말은 아무나 할 수 있는 말이 아니다. 소식 끊긴 몇 년. 그 사이 그가 이뤄낸 성취가 도무지 예사롭지 않다.

11

사랑, 없는 질병의 초기증상
봄날이 다 갈때까지, 너는 그 이름조차 알지 못한 채, 오직 그 질병의 초기증상만으로 울고 웃으리라.
— 김영민, 『사랑, 그 환상의 물매』

12

 다시 말하지만 나는 이성목의 연애시를 줄곧 짝사랑했다. 설명하긴 어렵지만 이창동의 영화 「밀양」을 보면서도 그 빽빽한 사랑을 보면서도 나는 줄곧 이성목의 시를 생각했었다. 그는 지금까지 "세상이 말리는 사랑"(「적소에서」)을 하였고, 그는 지금까지 "세상에 없는 사람(「봄, 알리바이」)이었다.

 지난 생에 나는 거기 없는 당신을 기다리는 벌을 받고 울다가 내 안으로 들어와 몸져누운 날이 있었습니다.
 모두가 우두커니 서서 육신을 익혀가는 계절, 몽둥이에 흠씬 두들겨 맞은 듯 엉덩이에 푸른 멍이 번지던 저녁이 있었습니다.

 한 시절 몸을 탐하느라 나를 잊을 뻔도 했습니다. 아파하려고 꽃이 나에게 왔었다는 것, 위독은 병이 아니라 이별의 예각에 숨어 피는 꽃이라는 것조차

거기 없는 당신을 기다리다가 끝내 당신 속으로 들어간 마음이 진물처럼 흘러나와 어찌할 수 없을 때,

바람은 스스로 지운 꽃냄새를 풍기며 선득하게 나를 지나가고 말았습니다.

당신이 없다면 어느 몸이 아프다고 저렇게 큰 잎을 피워내서 뒤척일까요.

아무렇게나 태어난 아이들이 골목길로 꿀꺽꿀꺽 뛰어드는 환청, 꽃을 숨기느라 땅이 저물고 하늘이 붉어지는 것을 몰랐습니다.

세상에 태어난 적 없는 꽃냄새가 당신도 없이, 입안에 가득하였습니다.

— 「무화과를 먹는 저녁」 전문

생활이라는, 종지그릇이 박살이 나고 울타리가 와해되면서 그는 무릎이 깨지고 피가 맺히도록 기어서 한 시집(『뜨거운 뿌리』)을 얻었다. 그가 다시 다른 세상으로 가서 새로운 생의 기치를 내걸어, 그 대가로 백수가 되었고 그 와중에 세 번째 시집을 묶는 것이다. 그는 천상 그렇게 시

인이다. 사랑도 삶도 세상이 말리는 그런 사랑, 그런 삶,을 온몸으로, 오체투지로 기어서, 온몸의 통증을 다 견디어서, 마침내 한 줄 시를 만들어내는, 그는 세상의 뒷줄에 있는, 아니 세상에 없는 사람이다. 무화과는 다름 아닌 이성목 시인이고 무화과를 먹는 것 또한 이성목임을 눈치챘다면 세상에 태어난 적 없는 꽃냄새를 맡을 수 있으리라.

13

마당을 쓸자 빗자루 끝에서 끈이 풀렸다
그대를 생각하면 마음의 갈래가 많았다
생각을 하나로 묶어 헛간에 세워두었던 때도 있었다
마당을 다 쓸고도 빗자루에 자꾸 손이 갔다
어쩔 수 없는 일이었지만, 마른 꽃대를 볕 아래 놓으니
마지막 눈송이가 열린 창문으로 날아들어
남은 향기를 품고 사라지는 걸 보았다
몸을 묶었으나 함께 살지는 못했다
쩡쩡 얼어붙었던 물소리가 저수지를 떠나고 있었다
묶었던 것을 스르르 풀고 멀리 개울이 흘러갔다
— 「노끈」 전문

"몸을 묶었으나 함께 살지는 못했다"는 말. "묶었던 것을 스르르 풀고 멀리 개울이 흘러갔다"는 말. 영원이라는 약속은 허망하다. 이생의 어떤 인연도 아무리 길다 한들 단지 백 년도 안 되는 이생의 인연일 뿐이다. 부부의 연이든 부자의 연이든 그 어떤 인연이든 언젠가는 "묶었던 것을 스스로 풀고 멀리 개울이 흘러"가듯 풀어지는 것이 삶이다. 그는 그렇게 지난 십 년, 불혹의 유배, 적소에서 맺은 인연과 삶을 풀어주고 놓아주고 있는 것이겠으나, 정작 이성복 자신은 불혹의 유배에서 다시 지천명의 유배지로 이송되고 있는 것이니. 평생의 유배. 언제든 어디에 있든 그가 들어앉은 그곳이 적소요 그의 삶이 위리안치의 삶이리라. 그것이 내가 아는 그의 업이다. 시인으로서의 업.

14

동천년노항장곡桐千年老恒藏曲
매일생한불매향梅一生寒不賣香
월도천휴여본질月到千虧餘本質
유경백별우신지柳經百別又新枝

— 신흠(申欽, 1566~1628)

오동나무는 천년이 되어도 항상 곡조를 간직하고 있고, 매화는 일생동안 춥게 살아도 향기를 팔지 않는다. 달은 천번을 이지러져도 그 본질이 남아 있고, 버드나무는 백 번 꺾여도 새 가지가 올라온다

시인으로서 이성목을 비유하자면 오동나무요 매화요 달이요 버드나무다. 시인으로서 말하자면 그는 포월자다. 시인의 삶으로서 보자면 그는 위리안치의 삶이다. 나는 그를 짝사랑했고 죽는 날까지 짝사랑할 것이다. 짝사랑이면 어떠냐. 도반으로서 그와 함께/홀로 시의 길을 평생을 걸을 수 있다면 그것만으로도 충분히 행복한 일인 것이니.

15

아직은 전혀 알지 못하는 한 시인의 무릎에 우연히 무릎이 스칠 때, 영혼은 왜 떨리는 것일까.